Le fils du Père Noël

Lawrence David · Delphine Durand

BAYARD JEUNESSE

BIP
BIP
VRRR ...
01

Pour Russell Fitzpatrick
L. D.
Pour Bruno
D. D.

Édition originale publiée sous le titre *Peter Claus and the Naughty List*
par Doubleday Books for Young Readers / Random House Children's Books, New York.

ISBN : 2 7470 1680-3. Dépôt légal : novembre 2005
Imprimé à Singapour
Loi 49-956 du 16 juillet 1949 sur les publications destinées à la jeunesse

Le Père Noël, la Mère Noël et leur fils, Pierre, sont en train de lire le tas de courrier apporté par les lutins.
– Et un enfant sage de plus ! s'exclame le Père Noël.
Il écrit un nom au bas d'une liste sur un très long rouleau de papier.
– Voyons, qui vient ensuite ?
Pierre déplie une lettre et annonce :
– Michel Poulet.
– Combien de fois a-t-il été méchant, celui-là ?
Pierre compte :
– Une, deux, trois… cinquante-neuf, soixante… Cent vingt-quatre.
– Sur une année entière, ce n'est pas beaucoup, dit le Père Noël.
Et combien de fois a-t-il été gentil ?
– Cent vingt-trois.
– Ah... Alors, inscris-le sur la liste des enfants pas sages.

Pierre fait la moue en regardant la deuxième liste, beaucoup plus courte. Il déteste y ajouter de nouveaux noms. Lui-même, Pierre Noël, y était inscrit l'année dernière…
– Mais ce n'est pas juste ! proteste-t-il. Michel n'a été méchant qu'une fois de trop !
– Allons, tu connais la règle, mon fils, dit le Père Noël. Ceux qui ont été plus souvent gentils que méchants sont inscrits sur la liste des enfants sages, et ils auront beaucoup de cadeaux. Ceux qui ont été méchants ne serait-ce qu'une fois de trop n'auront rien, c'est comme ça !
Pierre repense au dernier Noël. Il n'avait pas trouvé un seul paquet pour lui sous le sapin. Il était tellement triste !
– Mais pourquoi ? s'écrie-t-il. Pourquoi les enfants pas sages n'auraient pas de cadeaux, eux aussi ?
– Eh bien, crois-tu que ce serait juste pour les enfants sages ? demande la Mère Noël.

– Mon fils, c'est ainsi que mon père m'a appris son métier, et que son père le lui a appris, intervient le Père Noël. Je n'y suis pour rien !
Alors, le cœur lourd, Pierre écrit : « Michel Poulet » sur la liste des enfants pas sages.

26
12 3456789 10
OH
12
AH AH
AH
GRRR
RRRAAA
47
1
2

– Passons au nom suivant, propose le Père Noël.
– Pierre Noël, annonce Pierre.
Alors, d'une petite voix, il énumère les vilaines choses qu'il a faites tout au long de l'année. Il a crié après son baby-sitter, qui voulait qu'il aille se coucher au lieu de regarder la télé ; il a oublié de donner à manger à son renne, et le renne est tombé malade ; il a joué avec les boules du sapin de Noël, et il les a cassées… Ça fait en tout soixante-quatorze.
– Bon…, lâche le Père Noël. Et combien de fois as-tu été gentil ?
Pierre ne répond pas. Il n'a compté que soixante et une fois.
Il baisse la tête et écrit son nom sur la liste des enfants pas sages.

20L15

Ce soir-là, très tard, Pierre descend l'escalier sur la pointe des pieds...
Il prend la liste des enfants pas sages sur le bureau du Père Noël.
Ensuite, il sort de la maison et se glisse dans la grange.
Les rennes accueillent leur petit ami en bramant joyeusement.
– Prêts pour une mission nocturne ? lance Pierre. Les enfants
pas sages ont besoin d'un coup de main !
Il attelle les rennes au traîneau, s'installe sur le siège
et secoue les guides en cuir. En deux temps trois mouvements,
les rennes décollent et emportent Pierre dans les airs.

VROUM
HOP !
CIEL
TERRE

Pierre regarde les paysages qui défilent sous ses yeux.
Il voit des montagnes, des mers, des vallées et des déserts.
Il admire un magnifique coucher de soleil à l'ouest,
et un somptueux lever de soleil à l'est.
Le monde est si merveilleux qu'il en oublie
presque sa mission.
Vu de là-haut, vraiment, personne n'a l'air méchant…
Pierre sort la liste de sa poche :
– Hue, les rennes ! On fonce chez Michel Poulet !

Les rennes se posent sur le toit de la maison de Michel Poulet, et Pierre se faufile dans la cheminée. Bientôt, il se retrouve dans un couloir. Sur l'une des portes, une pancarte indique : « Forteresse Michel ». Pierre entre sans bruit dans la chambre, et il voit un petit garçon de six ans qui dort profondément. Il le secoue pour le réveiller.

– Mais… qu'est-ce qui se passe ? souffle le garçon.

– Michel Poulet ? chuchote Pierre. Moi, c'est Pierre Noël. Je viens te prévenir que tu es sur la liste des enfants pas sages.

– Quelle liste des enfants pas sages ?

– Celle du Père Noël ! Moi aussi, j'y suis !

Michel se lève et murmure :

– Je ne me rappelle pas avoir été trop méchant cette année.

Pierre hausse les épaules :

– Je sais, personne ne se le rappelle jamais !

– Alors, qu'est-ce qu'on peut faire ? demande Michel.

– Viens avec moi ! dit Pierre.

FORTERESSE
MICHEL
STOP

Et ils repartent ensemble pour continuer le tour du monde.
Au petit matin, le traîneau est rempli d'enfants inscrits sur la liste des « pas sages ». Pierre les a tous interrogés sur les bêtises qu'ils avaient faites, et chacun lui a raconté son histoire.
Enfin, le traîneau atterrit dans le jardin de Pierre.
Le Père et la Mère Noël sortent précipitamment de la maison.
– Bonjour, maman ! Bonjour, papa ! lance Pierre.
Le Père Noël demande d'une grosse voix :
– Dis donc, où étais-tu passé ?

– On s'est fait du souci ! ajoute la Mère Noël. Tu es sorti ?
Tu as joué avec le traîneau toute la nuit ?
Pierre leur montre les enfants pas sages :
– Je n'ai pas joué. Je suis allé chercher tous ces enfants !
Vous ne pensez pas qu'on devrait leur demander pourquoi
ils ont été méchants, avant de décider de les garder sur votre liste ?
Ce serait plus juste !

Le Père Noël pose la main sur la tête de Pierre.
– Bon, d'accord, dit-il en souriant dans sa barbe. Nous allons ramener tous ces enfants chez eux, et ils auront une chance de se rattraper.

– Et on aura plein de cadeaux ? demande une fillette.
– Eh bien, ce n'est pas aussi simple, répond le Père Noël.
Mais, si vous me dites ce que vous comptez faire de gentil pour réparer vos méchancetés, il se peut que vous ayez quelques petits cadeaux…
– Souvenez-vous d'une chose, dit la Mère Noël : ce qui est le plus important, c'est de donner. Montrez-nous que vous savez être généreux, et nous vous effacerons de cette vilaine liste.
Les enfants se mettent à crier et à sauter de joie.

Puis tout le monde s'entasse dans le traîneau du Père Noël. Les rennes s'élancent et s'envolent au-dessus des nuages. En route, Mathieu Lemercier raconte au Père et à la Mère Noël qu'il a traité sa sœur de tête de singe. Le Père Noël fronce les sourcils :

– Mmm… Et tu trouves que c'est gentil, ça ?

– Mais elle a vraiment une tête de singe, ma sœur ! proteste Mathieu.

– On ne dit pas ce genre de chose, explique la Mère Noël.

– Ah bon…, fait Mathieu, un peu étonné.

Bientôt, le Père Noël pose son traîneau dans le jardin de Mathieu. La petite sœur du garçon est en train de construire un bonhomme de neige, et elle a du mal à porter les grosses boules de neige. Mathieu s'avance vers elle et s'excuse de l'avoir appelée « tête de singe ». Puis il lui propose de l'aider à finir son bonhomme de neige.

– D'accord, dit simplement la fillette.

Le Père Noël sourit, et il demande à Pierre de rayer le nom de Mathieu de la liste des enfants pas sages.

28
28
28

Puis le traîneau file aussitôt chez Camille Legrand.
Camille explique qu'elle a enveloppé son petit frère avec du papier toilette : – C'est parce qu'il ne voulait pas s'habiller et qu'il courait tout nu dans la maison !
Elle va trouver son frère et lui promet de ne plus recommencer.
– La prochaine fois, je demanderai à papa de m'aider à t'habiller, dit-elle.

– Et moi, répond son petit frère, je vais essayer
de ne pas trop gigoter quand tu t'occuperas de moi.
Le papa de Camille donne à sa fille un gros baiser sur le front.
La Mère Noël demande à Pierre de retirer le nom de Camille
de la liste des enfants pas sages.

Puis la famille Noël reprend sa route. Le traîneau se dirige maintenant vers la maison de Michel Poulet.

Michel raconte qu'un jour il a caché tous les légumes de son assiette dans les chaussures de sa maman.

– Je n'aime pas ça, les légumes ! fait-il en grimaçant.

Madame Poulet est dans le salon. Elle décore le sapin de Noël.

– Maman, excuse-moi, dit Michel. Je te promets de ne plus jamais mettre de légumes dans tes chaussures. La prochaine fois, je les mangerai, ou alors je les cacherai dans mes poches…
– Et moi, je penserai à te préparer des frites, de temps en temps, promet madame Poulet.
– As-tu quelque chose à ajouter, Michel ? demande le Père Noël.
Michel lui répond dans le creux de l'oreille :
– Pour Noël, j'offrirai à ma maman un beau bouquet de carottes, de radis et de brocolis.
– Ça, c'est adorable, mon garçon ! s'exclame le Père Noël.
Et il demande à Pierre de rayer le nom de Michel de la liste des enfants pas sages.

GINA

Quand tous les enfants ont regagné leur maison,
la famille Noël rentre chez elle, au pôle Nord.
La Mère Noël va dans l'atelier pour vérifier si les cadeaux sont prêts.
Puis les lutins commencent à charger le traîneau.
Le Père Noël hoche la tête, l'air satisfait :
– Oh, oh ! Je suis heureux d'avoir aidé ces enfants à bien se conduire.
Nous allons tout de suite leur apporter des cadeaux.
– Il reste un enfant sur la liste…, lui rappelle Pierre d'une petite voix.
– Ah bon ! fait le Père Noël... Qui ça ?
– Moi, bien sûr ! soupire Pierre. Pourquoi je ne trouve
jamais de choses gentilles à faire ?
Le Père Noël s'assoit alors sur une bûche
et prend Pierre sur ses genoux.
Il sort un stylo, et d'un grand trait
il barre le nom « Pierre Noël » sur la liste.

– Mais…, souffle Pierre, je ne t'ai même pas dit
ce que j'allais faire de gentil !
Le Père Noël secoue doucement la tête :
– Eh bien, tu ne comprends pas ? Tu as aidé ces enfants
et leurs familles. Je suis fier d'avoir un fils comme toi !
– C'est vrai ? s'écrie Pierre.
Le Père Noël le soulève et l'installe sur ses épaules :
– Bien sûr ! Il arrive à tout le monde d'être méchant, de temps en
temps. C'est comme ça ! Ce qui compte, c'est de savoir s'excuser.
– Dis, papa, tu veux bien qu'on aide les enfants de la liste
des « pas sages » tous les ans ? demande Pierre.
– C'est une excellente idée ! Je sens que tu feras
un bon Père Noël quand tu seras grand.
Pierre donne une petite tape sur la tête de son papa :
– Je veux devenir un Père Noël aussi gentil que toi !

ZZZZZ.
ZZZZZ...

Ce soir, c'est la veille de Noël. Tous les enfants dorment profondément dans leur lit – tous, sauf un petit garçon qui s'appelle Pierre Noël.
Car, ce soir-là, Pierre s'envole sur un traîneau chargé de cadeaux pour tous les enfants sages du monde.
Et cette année, grâce à Pierre, la liste des enfants sages est bien plus longue que d'habitude.

Le Père Noël éclate de rire :
– Oh, oh ! Je ne vois que des enfants sages, ce soir…
– Moi aussi ! dit la Mère Noël avec un grand sourire.
– Et moi alors ! s'exclame Pierre.

Et, tous les trois, ils crient aux étoiles et à tous les enfants du monde :
– Joyeux Noël ! Joyeux Noël à tous !